たべものの中にいるよ！
シリーズ刊行によせて

　砂糖、小麦粉、塩。どれも、わたしたちの日常の食生活にかかせない食品です。でも、そのすがたは、たべものの中にかくれて、ふだんは見えません。

　韓国で出版されたこの絵本は、そんなかくれた食品のひみつを、たのしいイラストと文で紹介してくれます。

　味や食感の面だけでなく、健康とのかかわりについても、みなさんに理解できるように解説しています。どの食品も、わたしたちのからだのはたらきに重要な役目をはたしていますが、たべすぎるとかえってからだに害があることも、毎日の生活とのかかわりで説明しています。

　三つの食品のそれぞれを、自然界のどこから、どのようにしてわたしたちは手に入れてきたのか。その歴史とともに、現在は手軽に手に入るこれらの食品が、むかしは限られた人しか味わえない貴重品であったことも、学ぶことができます。

　また、日本と似ているようでちがう、おとなりの国の食文化も知ることができます。名称はことなっても、日本と韓国の食生活には、共通していることも多くあることに気づくでしょう。

　では、いっしょにたのしく学んでいきましょう。

家庭科教育研究者連盟

あまい砂糖に
ご用心！

ふわふわ小麦粉に
ご用心！

しょっぱい塩に
ご用心！

たべものの中に
いるよ! ❸

しょっぱい
塩に
ご用心!

パク・ウノ 文

チョ・スンヨン 絵

尹 怡景 訳
<small>ゆん　いきょん</small>

家庭科教育研究者連盟 監修

大月書店

おやおや、塩どろぼうかな？
塩がぜんぶなくなってる！

3

しょっぱい海が塩どろぼうの正体？

ううん、ちがうね。海は、塩を入れたから　しょっぱいんじゃなくて、
ずっとむかしから　しょっぱかった。
それじゃ、どうして海の水は　しょっぱくなったのかな？

1 はるかむかし、地球が生まれた46億年前まで　さかのぼってみよう。
地球は熱いマグマにおおわれ、爆発をくりかえして
火山ガスを吹きだしていた。

2 熱かった地球は　しだいに冷えていき、塩素ガスと
いろんな物質がとけあって、塩の成分がつくられる。
その後、陸地にたまった塩を雨がとかして、
海へと流れたんだ。

3 長いあいだ降りつづけた雨が、地球の表面にたまって海になった。
大地にふくまれていた塩分も　そこにとけだして、
いまのように　しょっぱい海になったのさ。

5

塩は海の恵み

人は　むかしから海水で塩をつくってきた。
海の水に、かんかん照りの太陽と　そよそよ吹く風。
材料はこれだけさ！
太陽の光と風で、海水を蒸発させていくと、
真っ白な塩が残るんだ。

海水に
太陽の光と風。
みんな自然のものを
使うんだね

1 舌でなめると しょっぱく感じる。

2 水に入れると さっととける。

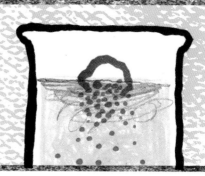

3 湿度の高いところに置くと、空気中の湿気をすいこむ。

4 野菜などに塩をふると、水分が外に出ていく。濃度がうすいほうから濃いほうへ水が移動する、浸透圧という力のためだ。

7

あっちにも塩、こっちにも塩

塩は　おもに海からとれる。
でも、塩がとれるのは海だけじゃない。
山や湖など、自然のあちこちに
塩はかくれているよ。

湖からとれる塩

遠いむかし、湖に流れこんだ塩分が海に
流れださず、そのまま閉じこめられたり、
かつて海だった場所が地殻変動で隆起し、
湖ができて塩分が残されたりした。

岩からできる塩（岩塩）

かつて海だった場所が陸地になり、海水が蒸発して、塩だけが石のように固まったもの。岩塩から削りだした結晶を、粉にして使う。

海からできる塩

海の水を塩田などに引きこみ、水分を蒸発させて天日塩をつくる。

塩はキッチンの王様

塩のないキッチンって想像できる？
塩は料理に塩味をつけたり、食品のいたみをふせいで
長く保存できるようにしたりする。
料理じょうずな塩の腕前を見てみよう。

キムチ のつくりかた

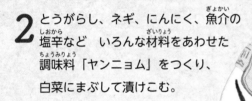

1 新鮮な白菜を 塩に漬ける。
浸透圧が白菜の水分を引き
だして、ものをくさらせる
菌の活動をおさえ、
長く保存できる
ようにする。

2 とうがらし、ネギ、にんにく、魚介の
塩辛など いろんな材料をあわせた
調味料「ヤンニョム」をつくり、
白菜にまぶして漬けこむ。

3 つぼにつめて しばらくおくと、
冬のあいだにたべられる
キムチの完成！

魚を塩漬けにして　かわかした魚の干物。
ごはんがすすむよ！

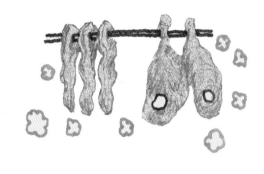

塩漬けの肉をくんせいにしたベーコン。
しょっぱさと香ばしさがやみつき。

＊日本のしょうゆも
大豆や麦を発酵さ
せてつくる。

むした大豆でつくった「メジュ」を塩水に数日
ひたしてから沸騰させると、韓国しょうゆに。
毎日の食卓にかかせない調味料だ。

＊日本のみそも、
大豆や米、麦
からつくる。

もち米や麦などでつくった「こうじ」に、とうがらしと
塩をくわえて発酵させると　甘辛いコチュジャン。
韓国料理にはかかせない調味料だよ。

イカ、エビ、アミなどの魚介類を塩に漬けた塩辛。
これも、ごはんのおともに。

牛乳に乳酸菌などをくわえて加熱すると固まる。
水分をきって塩をくわえるとチーズになる。
コクとうま味がギュッとつまったおいしさだ。

えっ？この部屋にも塩？

塩が活躍するのは　キッチンだけじゃない。
じつは、工場でものをつくるのにも
塩が必要なんだ。
どこに入っているか、
身のまわりのものを探してみてね！

壁かけ鏡

ティッシュ
ペーパー

合成皮革
（動物の皮に似せた素材）

合成ゴム

塩の別名、塩化ナトリウム

塩　　ナトリウム　　塩素

科学者たちは、塩がナトリウムと塩化物イオン（塩素）がむすびついた
化合物だということをたしかめた。成分が明らかになったことで、もの
をつくる工場でも塩は活用されるようになる。
塩（塩化ナトリウム）からナトリウムと塩素を分離して、いろんな化合物
をつくり、ビニールやプラスチックなどの素材をつくるときに使う。

お悩み解消！塩パワー

日常生活のささいな困りごと、
いろいろあるね。
そんなお悩みも　かかえこまずに、
なんでも聞いて！
塩はかせが助けてくれるはず。

猫おじさん

ビーバー
ばあさん

新しく買った服を洗濯したら
色落ちして、がっかりだよ。

色落ちをふせぎたい服は、塩をとか
した水に20分くらい漬けるだけ！
塩にはせんいの中に色をとじこめ、
定着させる作用があるんだ。

りんごをむいて しばらく置くと、茶色く
なっちゃうのよ。どうすりゃいいんだい？

りんごにふくまれるポリフェノールという成分が、
空気中の酸素とむすびつくと色が変わる。そんな
ときは、むいたりんごを塩水につけてみよう。こう
すると変色をふせぐことができる。生のりんごで
ジュースをつくるときにも、塩少々を忘れずに！

ワニ
じいさん

アヒル
ちゃん

塩で歯みがきすると
健康な歯になるって、
ほんとかの？

塩には殺菌効果があるので、歯周病の予防をあるていど期待できる。ただし、塩のざらざらしたつぶで 歯ぐきを傷つけるおそれがあるので、市販の歯みがき粉でみがくのがおすすめ。その後、塩水でうがいするといい。

塩はかせに
聞いてみよう！

のどがはれて、
とっても痛いよ〜。

そんなときは、ぬるま湯に塩をとかした塩水でうがいをしよう。口の中や、のどの炎症をやわらげる効果があるんだ。2時間おきくらいに うがいするといいよ。

15

世界史の中の塩

塩は歴史の本にもよく登場する。塩は歴史を変えただけじゃない。
塩をめぐる　おもしろいできごとや事件も　たくさんあったよ。

今日は塩をもらう日！

むかしは塩が貴重品だったので、古代ローマの
兵士たちは　塩を給料としてもらった。給料を
意味する英語の「サラリー」は、ラテン語で
「塩を支給する」という意味の「サラリウム」が
由来といわれているよ。

国家の財政は塩から

古代中国では、塩の生産と販売を国が
とりしきっていた。国のお金がたくさ
ん必要なときは、塩のねだんを上げる
だけで解決した。万里の長城も、塩の
おかげで　できたといわれている。

塩とともに永遠のいのちを！

紀元前2900年、古代エジプトでは、亡く
なったファラオ（王）のからだを塩の中に
うめて、いつまでも　くさる心配のない
ミイラにした。いまでも、そのままの状態
で保存されているミイラもあるよ。

塩をつくる自由をもとめた行進

インドがイギリスの植民地として支配
されていたころ、インドの人びとは自
由に塩をつくることを禁じられ、イギ
リス製の塩を買わされていた。それに
抗議したガンディーたちは、海までの
約380キロメートルを　はだしで行進
し、海岸で塩を手づくりしてみせた。
ガンディーは　この行進をよびかけた
ことで逮捕されたけれど、これをきっ
かけに、インドの人びとの独立への思
いはさらに強くなったよ。

岩塩ドームから石油がわいた！

1859年、アメリカのエドウィン・ドレークは、機械を使って、地下に埋もれた石油を掘りだすことにはじめて成功した。かれが使ったのは、地中から塩水がわきだす「塩井」を掘り当てるための技術だった。石油は、ずっとむかしの植物や生きものの死がいが地層の中で変化してできる。地中にある岩塩の層のまわりに、石油がたまっていることがあるんだ。

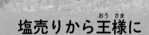

塩売りから王様に

むかし、朝鮮半島の高句麗という国で、乙弗という男が塩を売る商売をしていた。かれは、のちに高句麗の第15代の王（美川王）になった。塩を売りながら、まずしい人びとの生活を見てきたおかげで、思いやりのある　いい王様になったんだって。

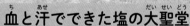

血と汗でできた塩の大聖堂

コロンビアのシパキラには、巨大な岩塩の山の中に、塩でできた大聖堂がある。1954年に、岩塩を掘りだす鉱山ではたらいていた人びとがつくったんだ。

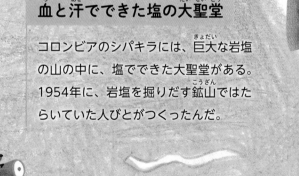

塩にまつわることわざ

塩にまつわることわざや慣用句をみると、
人にとって塩がどんな意味をもつ
ものだったのかがわかる。

樽いっぱいの塩をたべた仲

長年の友情を意味するポーランドのことわざ。
長いあいだ、たべものを分かちあいながら友情を深めてきたという意味だけど、
それを表現するのに「樽いっぱいの塩をたべつくすほど」という表現がおもしろいね。

塩をたべたやつが、水を飲みたがる

塩をたべると、のどがかわいて当然だよね。
何ごとにもかならずその原因があるという意味の
韓国のことわざ。

塩でみそをつくると言っても信じない

いくらほんとうのことを言っても、信頼をなくして
しまった人の言葉は信じてもらえないこともある
という意味の韓国のことわざ。

日本にも塩に
まつわることわざがあるよ。
どんなものがあるか
探してみよう！

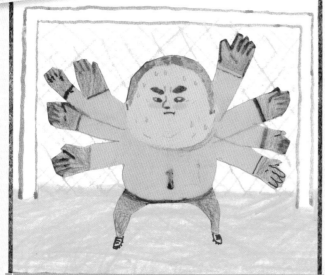

塩が味を出す

見た目はたいしたことがないように見えても、
じつはもっとも重要な役割を果たしているという
意味の韓国のことわざ。

塩がくさるか

塩がくさらないのと同じように、
けっして変わらず、まちがいないことを
強調したいときに使う韓国のことわざ。

塩でおかず12品をつくる

手際のいい人は、かんたんな材料でも
たくさんのいい結果を出せるという意味の
韓国のことわざ。

かまどの塩も入れてこそしょっぱい

塩を入れないと塩味を出せないのと同じように、
いくらかんたんなことでも、行動しなければ
なんの意味もないという韓国のことわざ。

わたしたちの からだの中にもある塩

おとな一人のからだの中にふくまれる塩は、200〜250グラムとされる。
計量カップ1杯くらいだね。

*おとなの体重の0.3〜0.4％、
子どもは0.2％とされます。
体格や国によってもちがいます。

20

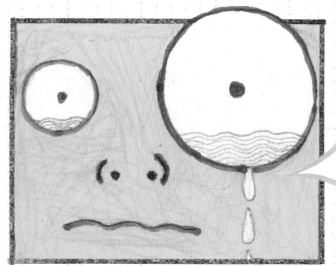

涙や鼻水にも塩がふくまれる

わたしたちのからだの水分には、
およそ0.9%の塩分がふくまれている。

涙は
しょっぱい

あっ、
鼻血

血にも塩がふくまれる

血液にふくまれている塩は、
血管をとおってからだじゅうをめぐる。

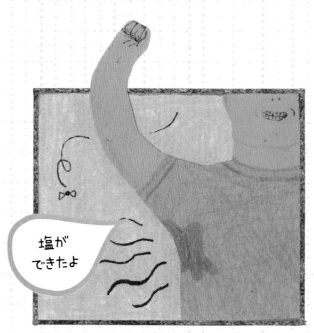

塩が
できたよ

汗にも塩がふくまれる

汗がかわくと、はだの上に白い塩の粉が
残ることがあるね。

おとなの体重の
0.3〜0.4%は
塩なんだ

いのちを守る塩

わたしたちがたべた塩は、からだのあちこちで大事なはたらきをしている。
少なくとも、1日におよそ2グラムの塩をとらないと、
わたしたちのからだは　じゅうぶんにはたらかない。

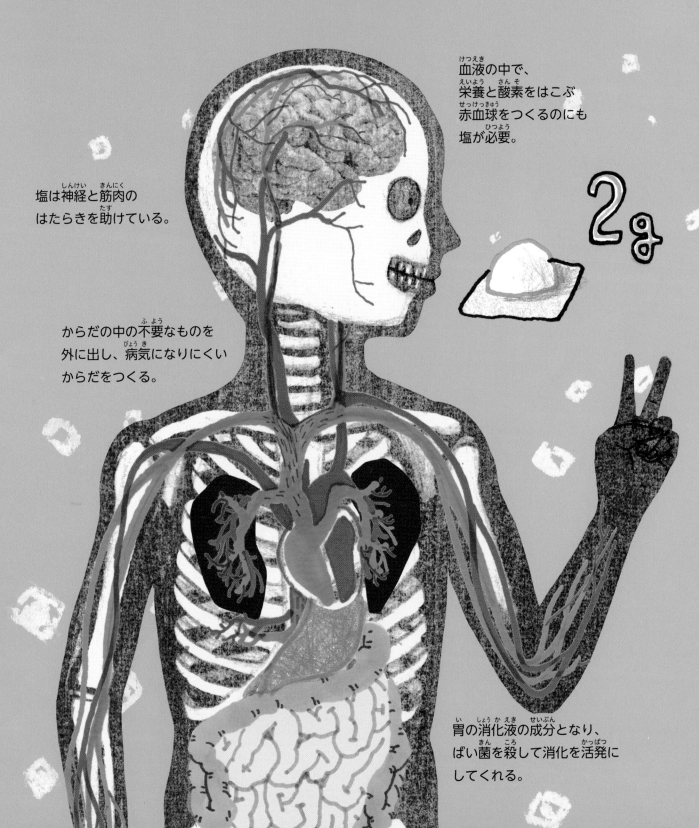

血液の中で、
栄養と酸素をはこぶ
赤血球をつくるのにも
塩が必要。

塩は神経と筋肉の
はたらきを助けている。

からだの中の不要なものを
外に出し、病気になりにくい
からだをつくる。

2g

胃の消化液の成分となり、
ばい菌を殺して消化を活発に
してくれる。

からだの中で　あまった塩はどうなるのかな？
おしっこになって毎日、少しずつ
からだの外に出されるよ。

お母さんのおなかの中の赤ちゃんは、
羊水（ようすい）という塩分（えんぶん）をふくんだ水の中で育つ。
羊水は、ばい菌や衝撃（しょうげき）から赤ちゃんを
守（まも）ってくれる。

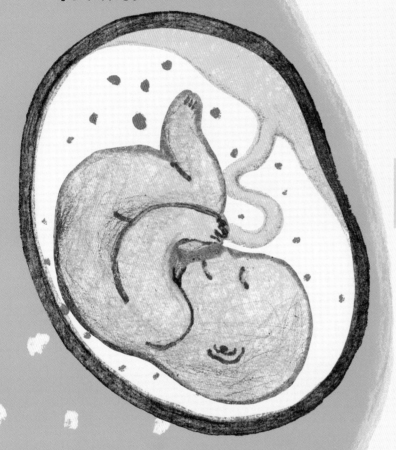

おしっこによって　からだの中の塩分と
水分のバランスが一定（いってい）に調整（ちょうせい）されている。

動物（どうぶつ）たちも塩をたべている？

肉食動物は、えものの肉から塩分をとれる
ので、とくに塩をたべなくてもいい。
でも、植物（しょくぶつ）を主食（しゅしょく）とする草食動物は、
別（べつ）のかたちで塩をとる必要がある。

23

ヘルシーな 塩 をさがせ！

塩なんて、しょっぱければみんな同じと思ってない？
ううん。じつは、塩も つくりかたによって栄養成分が変わる。
みんながたべたい塩は どっちかな？

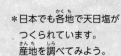
塩田でつくられる天日塩

1 海水を塩田に
引きこむ。

2 太陽の光と風を利用して、
海水を蒸発させる。

3 ほとんどの水分が
蒸発して、結晶した塩が
できる。

4 15日ほどかけて、
じっくり水分をとばすと
天日塩のできあがり！
時間がかかる作業なんだ。

＊日本でも各地で天日塩が
つくられています。
産地を調べてみよう。

天日塩を
とかした水では、
魚もイキイキ
してる

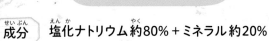
天日塩のひみつ

成分 塩化ナトリウム 約80％ ＋ ミネラル 約20％

味 しょっぱいけど、うま味もある。

特徴 1. さまざまなミネラルがふくまれていて健康にいい。
2. つくられた地域によって、味や栄養成分がことなる。
3. ミネラルは、余分なナトリウムをからだの外へ出すのを助ける。

精製塩を
とかした水だと、
魚たちも元気が
ないね

塩化ナトリウム
99%

工場でつくられる精製塩

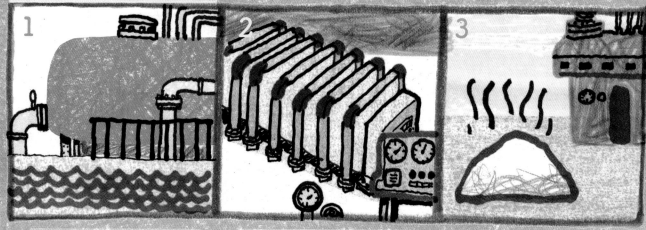

1

2

3

機械を使って、
海水から不純物を取りのぞく。

特殊な装置を使って、海水から
塩化ナトリウムを分離する。
ここでミネラルは失われる。

塩化ナトリウムから水を
蒸発させたら精製塩のできあがり！
かんたんでしょ？

精製塩のひみつ

成分	塩化ナトリウム約99%
味	とてもしょっぱい。

特徴　　1. からだにいいミネラル成分がほとんど残っていない。
　　　　2. 不純物がふくまれないので衛生的で、大量につくれるため、ねだんも安い。
　　　　3. たくさんたべるとナトリウムが体内にたまり、からだによくない。

塩のとりすぎにご用心！

塩のおもな成分であるナトリウムをとりすぎてしまうと、
心臓や胃、腎臓など、からだのあちこちに悪い影響がある。
わたしたちがふだんの食生活でたべている塩の量は、とても多い。
塩のとりすぎには気をつけて！

外食で人気の
メニューは、味つけが
こいものが多い。食欲を
そそるけど、そのぶん
塩分も多いんだ

加工食品に
使われる調味料や、
色をあざやかに見せる
発色剤にもナトリウムが
入っているよ

ちょうどいい塩とのつきあいかた

かんたんなことから少しずつ。だれにでもできるよ！

 レベル1　ママやパパにそっとお願いする。

> ママ、パパ！
> 塩はミネラル
> たっぷりの天日塩
> にしてね

レベル2　ファストフードや加工食品は　なるべくひかえよう。なべ料理や
ラーメンなどは具材を中心にたべる。スープを飲みほすのは要注意！

レベル3 レストランでたべものを注文するとき、塩をひかえめにとお願いする。
塩分が多いものをたべるときは、野菜とくだものを多めにとる。

おまけの注意点 海におしっこをしたり、ゴミを捨てたりしないでね。
しょっぱいからといって、鼻くそをたべないこと！

見つけた！塩どろぼう

塩どろぼうの正体は、塩味が大好きなわたしたちだった。
わたしたちが生まれてから死ぬまでに、たべたり使ったりする塩は、すごい量。
しょっぱい味を舌で感じるたびに、
塩漬けになっていく　からだのことを考えてみよう。
そして、自然から得られた健康的な塩を選ぶことを忘れずにね。

しお

食卓塩

天日塩

31

文＝パク・ウノ
絵本作家。砂糖についての本を書いた後、塩がかわいそうなので
この本を書きました。作品に『わたしのおしゃぶりはどこ？』
『わたしみたいになりたいの？』『ドキドキくつした』（いずれも
韓国語）など。

絵＝チョ・スンヨン
韓国の弘益大学校で美術を専攻、フランスでイラストを学ぶ。現在
は子どもの本のイラストレーターとして活動。作品に『しあわせ、
それ何？』『危険なカモメ』『オウムお返し大作戦』『タンタン洞
十字路万福電波社』などがある。

訳者＝尹怡景（ゆん　いきょん）
韓国・ソウル生まれ。慶應大学大学院で文化人類学を学ぶ。言葉
で韓国と日本の心をつなぎたい翻訳者。訳書に『差別はたいてい
悪意のない人がする』（大月書店）、『夢を描く女性たち　イラスト
偉人伝』（タバブックス）、『私もまだ、私を知らない　自尊感情
を高める処方箋』（祥伝社）ほか。

日本語版監修＝NPO法人 家庭科教育研究者連盟（家教連）
1966年発足。小中高校および特別支援学級や大学で家庭科教育
にかかわる教師を中心とした民間教育研究団体。主権者としての
生活者をはぐくむ家庭科教育をめざし、全国各地のサークルや夏
季研究集会、冬と春の公開研究会などを通じて活動している。

たべものの中にいるよ！③

しょっぱい塩にご用心！

2024年1月24日　第1刷発行

文　　パク・ウノ
絵　　チョ・スンヨン
訳者　尹怡景
発行者　中川 進
発行所　株式会社 大月書店
〒113-0033 東京都文京区本郷 2-27-16
電話　　03-3813-4651（代表）
FAX　 03-3813-4656
振替　　00130-7-16387
http://www.otsukishoten.co.jp/
DTP　　なかねひかり
印刷　　光陽メディア
製本　　ブロケード

料理を楽しみながら素材の知識や科学を学ぶ

たべもの教室

全12巻

家庭科教育研究者連盟 編

❶ 米でつくる
❷ 小麦粉でつくる
❸ いもでつくる
❹ 豆でつくる
❺ たまごでつくる
❻ 牛乳でつくる
❼ 野菜でつくる①
❽ 野菜でつくる②
❾ 魚でつくる
❿ 肉でつくる
別巻1 おいしくつくる料理のひみつ
別巻2 味つけと料理道具のひみつ

たべものは
何からできているの?

料理を楽しみながら
素材の知識や科学を学べます。
食育に最適のロングセラー。

小学校中学年から　セット価21,600円／各巻1,800円（税別）
ISBN978-4-272-40068-3　B5変型判 各巻64頁